Instruction für die

Cavallerie – Regimenter

vom 12. März 1790

herausgegeben von Jörg Titze

Instruction

für die

Cavallerie = Regimenter

betreffend

die Ordnung und Mannszucht

im Felde.

De Dato Berlin, den 12. Martii 1790.

Gedruckt bey George Jacob Decker und Sohn,
Königl. Geh. Oberhofbuchdruckern.

Faksimile der Titelseite

Instruction

für die

Cavallerie - Regimenter

betreffend

die Ordnung und Mannszucht

im Felde

De Dato Berlin, den 12. Martii 1790

Gedruckt bey George Jacob Decker und Sohn
Königl. Geh. Oberhofbuchdruckern.

Bibliographische Information der Deutschen Biliothek

Die Deutsche Bibliothek verzeichnet diese Publikation in der Deutschen Nationalbibliographie; detaillierte bibliographische Daten sind im Internet über http://dnb.ddb.de abrufbar.

Die Deutsche Bibliothek – CIP – Einheitsaufnahme

Jörg Titze (Hrsg.)

Instruction für die Cavallerie – Regimenter betreffend die Ordnung und Mannszucht im Felde vom 12. März 1790

Herstellung und Verlag: Books on Demand GmbH, Norderstedt, 2012

ISBN 978-3-8482-3004-4

Herstellung und Verlag:

Books on Demand GmbH, Norderstedt

In Freundes und Feindes Land muß auf die strengste Mannszucht und Ordnung gehalten werden. Beydes ist sowohl für die Ehre als auch für die Conservation der Armee nothwendig. Ein elender Marodeur verdirbt und verheeret auf eine unmenschliche Weise mehr als zehn gute tüchtige Soldaten zu ihrem Unterhalt brauchen, und da nur der schlechte Soldat plündert; so ist es hart, wenn der gute durch ihn leiden soll. Ueberdem wird durch Plünderung und Excesse der Landmann entfernt; es wird nichts zum Verkauf gebracht, und der gute Soldat, und besonders der, so im Lager steht, leidet am Ende Noth.

Aus diesem Gesichtspunkte muß jeder ehrliebende Soldat und Officier Mannszucht und Ordnung als unentbehrlich ansehen. Deswegen ordnen und befehlen Seine Königliche Majestät zum Wohl und zur Ehre Dero Truppen folgendes.

§. 1.

Was die Ordnung auf dem Marsche anbelangt, so befehlen Seine Königliche Majestät, daß es bey der Cavallerie folgendergestalt gehalten werden soll:

Wenn ein Regiment, eine einzelne, oder mehrere Escadrons während des Marsches eine Vestung oder auch nur eine Stadt oder Dorf paßiren, worin Garnison liegt; so muß der Durchmarsch, wenn er durch die Vestung geschieht, durch einen Officier an dem Gouverneur oder Commandanten; in einer besetzten Stadt oder Dorf aber, an den darin commandirenden Officier, gemeldet werden.

Beym Durchmarsch wird das Gewehr aufgenommen, Marsch geblasen, und es defilirt alles in der bestmöglichsten Ordnung zu Zweyen- oder Viertel-Zügen durch den Ort.

Paßirt Cavallerie eine Stadt oder Dorf, so unbesetzt ist, so wird das Gewehr nicht aufgenommen, die Trompeter aber blasen Feldstücke.

Das nemliche findet statt, wenn man durch Quartiere marschiert, so mit fremden Herren Truppen besetzt sind.

Wenn man durch eine Stadt oder Dorf marschiert, so muß unter keinem Vorwande gelitten werden, daß irgend ein Reiter, er sey Cuirassier, Dragoner oder Husar, von seinem Pferde absteige, es sey um zu trinken, was zu kaufen, Pferde zu tränken etc.

Bey einem Cavallerie- oder Husaren-Regimente, wo das Anhalten, Zurückbleiben, und Nachjagen der Leute statt findet, da sehen es Se. Königl. Majestät als ein ganz sicheres Zeichen an, dass der Commandeur eines Regiments, als auch der Chef einer Escadron, wo dergleichen Unordnungen obwalten, ihren Posten nicht mit gehöriger Autorität vorzustehen im Stande sind.

Wenn Seine Königl. Majestät dergleichen Unordnung bey einem Cavallerie-Regiment gewahr werden, so soll der Commandeur vom Regiment acht Tage in Arrest sitzen, der sich nachgehends an den Chef oder Commandeur der Escadron halten kann. Die commandirenden Generals und Brigadiers der Cavallerie werden hierauf gleichfalls ein wachsames Auge haben, und solches keinem Regiment, es sey Cuiraßier, Dragoner, oder Husaren, durchgehen lassen. Es ist dies der erste Weg zu Excessen, Plünderungen, Drücken der Pferde etc.

Beym Durchmarsch durch Städte muß kein Weib oder Knecht neben oder zwischen den Zügen sich sehen lassen, sondern entweder vorausgehen, oder hinter dem Regimente oder der Escadron bleiben; die Arrier-Garde aber sieht darauf, dass alles folgt und niemand zurückbleibe. So versteht es sich auch von selbst, daß das Vorreiten oder Zurückbleiben der Officiere, als eine unschickliche Sache, aufs schärfste verbothen wird. Bey aller Gelegenheit, und so auch hier, muß der Officier ein gutes Beyspiel geben, wo dieses fehlt, kann vom gemeinen Soldaten nie das Nemliche gefordert werden.

Wird ein Pferd lahm, oder ein Reiter krank, und daß er zurück bleiben muß, so wird ein Unter-Officier oder Carabinier bey ihm gelassen, der ihn nicht verlassen, sondern wieder zur Escadron bringen muß. Kann er gar nicht fort, so muß er so lange halten bleiben, bis die Bagage von seinem oder einem andern Regiment kömmt, mit welcher er ihn fortzubringen sucht.

Wenn Cavallerie in ein Quartier einrückt, oder selbiges verlässt, so wird es hiermit so gehalten, als es bisher nach dem alten Dienst gebräuchlich gewesen, als welcher bey dieser und allen andern Gelegenheiten, wo nicht etwas abgeändert worden, aufs strengste beobachtet werden muß.

§. 2.

Jeder einzelne Soldat, der auf dem Marsch oder in einem Dorf ohne Unter-Officier oder Carabinier betroffen wird, soll sofort arretirt und ins Hauptquartier abgeliefert werden. Der Commandeur der Escadron oder des Detaschements, von dem der Mensch ist, sitzt alsdann in Arrest.

§. 3.

Kömmt aber Klage wegen Plünderung oder Excesse, und das Regiment, so solche gemacht, kann ausfindig gemacht werden, so wird der Schaden von der General-Kriegs-Casse gleich bezahlt, dem Regiment abgezogen, und der Commandeur desselben auf acht Tage, auch, wenn der Exceß grösser, auf längere Zeit in Arrest gesetzt. Dieser muß seinen Regreß am schuldigen Theil nehmen.

§. 4.

Ein Soldat, der sich an eine Sauvegarde vergreift, wird ohne Gnade arquebusirt. Sollte es aber möglich seyn, daß wider alles Vermuthen sich selbst ein Officier so weit vergessen könnte, eine Sauvegarde zu mißhandeln, so wollen Seine Königliche Majestät einen solchen Officier ohne weitere Umstände caßiren, weil eine Sauvegarde wie Sr. Königl. Majestät Allerhöchste Person selbst respectiret werden muß. Auch wir hiermit jedermann, es sey Officier, Unter-Officier, oder Gemeiner, an das Recht erinnert, welches ein jeder Sauvegardist von jeher gehabt, und wobey Se. Königl. Majestät ihn mainteniren wollen, nemlich einen jeden, der sich an ihn vergreift, auf der Stelle auf den Kopf zu schießen, oder über den Haufen zu stoßen.

§. 5.

Da Se. Königliche Majestät wahrgenommen, daß in Campagne gemeiniglich durch Weiber und Knechte die mehresten Excesse geschehen, so werden Allerhöchstdieselben sowohl in Feindes als auch in Dero eignen Ländern, aller Orten, wo Preussische Truppen marschiren, durch Manifeste bekannt machen lassen, daß wer ein Weib oder Knecht, so irgendwo geplündert, gebunden ins Hauptquartier abliefert, sogleich 10 Rthlr. dafür erhalten soll, welches dem Regimente, wozu das Weib oder der Knecht gehört, abgezogen wird. Ist es ein Regiments-Artillerie-Knecht, so wird das Geld dem Regiment, ist es aber ein Artillerie-Batterie- oder Train-Knecht, dem Artillerie-Regiment, worunter er gehört, abgezogen, und dies macht ausfindig, wer es zu erstatten hat. Ist das Weib oder der Knecht vom Proviant-Fuhrwesen, so bezahlt es der Director, und dieser kann sich sodann weiter an seine Untergebene halten.

§. 6.

Jedes Regiment oder Corps muß eine Mondirung für seine Knechte haben, und sich keiner derselben ohne gedachte Mondirung sehen lassen. Leute in der Livree müssen beständig ein Certificat von dem Herrn, bey dem sie dienen, bey sich haben. Alle andere Leute, die weder beweisen können, bey wem sie sind, noch Mondirung tragen, werden von der

Policey-Patrouille arretirt, und nach dem Haupt-Quartier geliefert werden.

§. 7.

Per Escadron sollen nicht mehr als 5 – 6 Weiber ins Feld mitgenommen werden. Der Commandeur des Regiments und Bataillons hält eine namentliche Liste davon. Wird ein zum Regimente gehöriges Weib, das nicht auf der Liste des Kommandeurs steht, arretirt, so muß derselbe sogleich den Capitain oder Commandeur der Escadron, wenn er davon gewusst, in Arrest setzen. Das Weib aber wird durch den Profoß aus dem Regiment gepeitscht.

§. 8.

Se. Königliche Majestät lassen die Regimenter avertiren, daß die Cavallerie während des Marsches beständig rechts und links der Colonnen, besondere Policey-Patrouillen, von ganz zuverläßigen ausge-suchten Leuten schicken wird, um alle Dörfer durch zusuchen, so zur Seite liegen, diese werden, wenn sie Knechte, Weiber oder Soldaten, unter welchem Vorwande es sey, einzeln in den Dörfern finden, selbige sogleich arretiren, und ins Haupt-Quartier abliefern.

Officier-Bediente zu Pferde und von denen die Einwohner versichern, dass sie nicht die geringste Excesse gemacht, sondern blos Sachen oder Victu-alien zu kaufen gesucht, sind hiervon ausgenommen.

Eine solche Cavallerie-Patrouille wird besonders bey der Arrier-Garde statt haben, ganz hinten bleiben, alle Dörfer von Trainneurs reinigen, und Niemanden, unter welchem Vorwand es sey, hinter sich zurück-lassen.

Die Regimenter geben gedachte Policey-Patrouille nach der Tour, und der Brigade-Major wird sie täglich bey der Parole commandiren, auch die Stärke derselben bestimmen.

Der Officier oder Unter-Officier, so sie commandirt, meldet sich für seine Person im Haupt-Quartier, zu der ihm gesetzten Zeit, bey demjenigen Officier aus der Suite, so Se. Königliche Majestät oder der commandirende General zu diesem Geschäft besonders ernennen werden. Hier erhält er einen versiegelten Zettel, der ihm sowohl den Marsch seiner Patrouille bestimmt; als auch eine Instruction enthält, worauf er zu sehen hat. – Diesen Zettel bricht er nicht eher auf, als bis das Commando zusammen rückt, kommt aber etwas dazwischen, oder dass die Patrouille wieder abbestellt wird, so muß der Zettel unerbrochen an den Staabs-Officier, von dem er ihn erhalten, zurückgegeben werden. Wird er mündlich instruirt, so ist es gleichfalls seine Pflicht, sich alles aufs deutlichste zu merken.

Wenn der Officier oder Unter-Officier von seiner Patrouille zurückkommt, so meldet er sich im Haupt-Quartier und stattet an vorbenannten Staabs-Officier seinen völligen Rapport ab. Hat er Arrestanten, so liefert er solche an die Infanterie-Wache des Haupt-Quartiers ab, läßt sich hierüber vom wachhabenden Officier einen Schein geben, den er gleichfalls mit seinem Rapport übergiebt.

Diese Policey-Patrouillen sollen in den Regimentern weder in Absicht der Officiere, Unter-Officiere, noch Gemeinen nach der Tour commandirt; sondern es sollen hierzu Subjecte choisirt werden, auf deren Zuverlässigkeit sich Se. Königl. Majestät und die commandirenden Generals verlassen können. Die

Officiere werden von jedem Regiment ein für allemal bestimmt, und die Namen derselben dem ältesten General-Adjutanten eingegeben, damit, nach Befinden der Umstände, Se. Königl. Majestät oder der commandirende General einen solchen Officier selbst ernennen können.

Da von diesen Patrouillen mit die Ordnung und Subsistance der Armee abhängt, und mithin jedes Regiment dabey interessiret seyn muß, so hat auch ein jedes derselben solche Leute auszuwählen, so sich dazu passen, und von deren Zuverlässigkeit sie vollkommen überzeugt sind. Diese Commandos werden den Officiers und Unter-Officiers für ein anderweitiges kleines Commando gerechnet.

§. 9.

Kein Officier, wes Standes er sey, muß sich unterfangen, Knechte außer der Zeit zum Fouragiren auszuschicken, dieserhalb werden besondere Patrouillen um das Lager geschickt werden, damit sie selbige arretiren, so wie auch alle Dörfer angewiesen werden sollen, dergleichen Leute, so einzeln auf den Feldern Getreide fouragiren, aufzugreifen, und gegen eine Belohnung abzuliefern. Der Knecht, so arretirt wird, er gehöre wem er wolle, erhält sogleich im Hauptquartier 30 Prügel. Der Commandeur vom Regiment, Bataillon oder Batterie, kömmt 8 Tage in Arrest, und das Regiment bezahlt den Schaden, so der Knecht gethan hat.

§. 10.

Seine Königliche Majestät hoffen übrigens, daß Dero Generals der Armee hierin mit guten Beyspiel vorgehen, ihre Leute und Knechte, durch irgend einen, der die Aufsicht darüber hat, zusammen halten lassen, und nicht zugeben werden, daß solche einzeln herum laufen, viel weniger aber haben sie sich zu beschweren, wenn einer von ihren Leuten und Knechten bey Uebertretung der befohlnen Ordnung ertappt, arretirt und gleich den übrigen Knechten der Armee behandelt, und bestraft wird. Eben dieses ist vorzüglich von Fouragierungen zu verstehen, wo die Knechte derer Herren Generals auch in der Colonne bleiben und nur ihren angewiesenen Platz abfouragiren müssen.

Außer der Zeit werden alle einzelne Fourageurs, sie gehören wem sie wollen, aufgegriffen, arretirt, und wie oben gesagt, bestraft.

Um aber allen Excessen und Plünderungen der Weiber und Knechte möglich vorzubeugen, so soll bey der Bagage, dem Troß, und sämmtlichen Fuhrwesen, folgende Ordnung eingeführt, und unveränderlich, bey strenger Ahndung beybehalten werden.

1) Tages vorher, ehe die Armee marschieren soll, geben allemal die Wachtmeister dem Adjutanten des Regiments eine Liste von dem Troß jeder Escadron und Compagnie in zwey Abtheilungen ein.

    1. Von dem, was beym Regiment ist.

    2. Was bey der Bagage bleibt.

Der Adjutant ziehet solche Listen zusammen, und giebt die ersten an den Unter-Officier, der vom Regiment bey den Packpferde commandirt ist, die zweyte aber dem Officier, Auditeur, oder Unter-Officier, so die Bagage führt. Auf schnellen Märschen, wo zu Formirung solcher Listen nicht Zeit ist, gilt die zuletzt angefertigte, und wird der Troß danach verlesen.

Bey dieser Gelegenheit befehlen Seine Königliche Majestät aufs schärfste, dass bey jedem Regiment denen Packpferden und der Bagage jemand vorgesetzt seyn muß, dem alles übergeben wird, und für das Fortkommen derselben sorgen muß.

N.B. Wo der Auditeur beym Regiment ist, muß selbiger ohnausbleiblich bey der Bagage seyn, und solche führen; nicht aber zu anderen Geschäften gebraucht werden.

2) Bey der Bagage bleiben nur die Kranken und unberittenen Leute, oder diejenigen, so kranke Pferde führen, und endlich die, so dabey die Aufsicht haben, Se. Königl. Majestät befehlen hierbey aufs ernstlichste, daß außer den höchstnöthigen commandirten keine überflüßige Leute bey der Bagage gelassen werden, weil diese natürlich von der Zahl der Combattanten abgehen.

3) Beim Regiment, wenn vom Feinde nichts zu fürchten; bleiben von der Bagage, die Commandeur-Chaise, der Geldwagen und die Hand- und Packpferde. Glaubt man mit dem Feinde etwas zu thun zu bekommen, so bleiben beyde Wagen, bey der grossen Bagage von der Armee.

Ueberhaupt aber befehlen Se. Königl. Majestät, dass außer der Commandeur-Chaise und dem Geldwagen, weiter keine Wagen bey denen Regimentern gelitten werden sollen, als die zu den Regimentern gehörige Proviantwagen, der Wagen des Regiments-Feldscheers, und bey 5 Escadrons ein Marketenderwagen.

Die Proviantwagen sind numerirt, und ist der Nahme des Regiments und Escadron-Chefs darauf geschrieben, und fahren selbige in der Reihe als die

Escadrons in dem Regiment stehen. Auf die Proviant-wagen folgt der Wagen des Regimentsfeldscheers, auf diesen der Marketenderwagen. Jeder andere Wagen soll sogleich aus der Wagen-Colonne heraus-geschmissen, derjenige aber, dem er gehört, sogleich in Arrest gesetzt werden. Die Brigadiers und Commandeurs der Regimenter werden ein wachsames Auge haben, dass diese Ordre genau befolgt werde.

Die Handpferde bleiben vor jeder Escadron, keines aber zwischen den Zügen; die Packpferde hingegen werden neben dem Regiment nach Maaßgabe des Terreins geführt. Bey diesen Packpferden marschieren auch die Weiber, und bleiben solche bey den Packpferden der Escadron, zu denen sie gehören. Um die Packpferde zusammen zu halten, wird noch ein zuverlässiger Mann commandirt, der hinten reitet, und darauf sieht, daß kein Weib, Knecht, oder Packpferd zurück bleibt.

Muß sich das Regiment in Trab setzen, und die Packpferde können nicht folgen, so schließen sie sich in der Ordnung an das zunächst folgende Cavallerie-Regiment an; folgt kein Cavallerie-Regiment, so bleiben sie bey der Infanterie, und das erste Regiment, an das sie kommen, muß sie in ihre Colonne nehmen, und sie in ihrer Reihe vormar-schieren lassen.

4) Der Unter-Officier, welcher bey den Packpferden commandirt ist, ingleichen der Auditeur, der die Bagage führt, müssen fleißig auf und ab daneben reiten, und sehr attent sein, dass nichts austritt. Im Contraventions-Fall aber haben beyde das Recht, jedem Knecht, der nur 100 Schritt von der Colonne

abwärts betroffen wird, sogleich 30 Prügel geben zu lassen.

5) Derjenige, so vom Regiments-Trosse oder von der Bagage bey Durchpaßirung eines Dorfs oder Stadt ohne Erlaubniß in ein Haus gehet, bekömmt sofort 50 Prügel; hat er aber geplündert, oder Gewaltthätigkeiten begangen, so wird er gleich arretirt, und muß ohne weitere Umstände zwölf- bis zwanzigmal Spießruthen laufen. Deshalb die Commandeurs der Regimenter und Bataillons, wenn sie durch ein Dorf marschieren, allemal Officier und Unter-Officier heraus reiten lassen, die während des Durchmarsches Acht haben, daß nichts anhalten, und auf Plünderung ausgehen darf, und kein Soldat, Knecht, oder Weib, so zum Regiment gehört, zurück bleibt. Dies ist auch von Commandos und Detaschements zu verstehen.

6) Beim Einrücken ins Lager, meldet sich der bey denen Packpferden commandirte Unter-Officier, ingleichen der bey der Bagage commandirte Officier, Auditeur etc. beim Commandeur des Regiments oder Bataillons, und rapportiren, daß entweder alles richtig, und keine Unordnung vorgefallen, oder daß Jemand bestraft und arretirt worden sey.

7) Hat der bey den Packpferden commandirte Unter-Officier, oder der Auditeur, der die Bagage führt, irgend einen Knecht, der schuldig befunden worden, befohlenermaßen bestrafen lassen, und dessen Herr, er sey wer er wolle, stellet ihn darüber zur Rede, so soll der Unter-Officier oder Auditeur solches sofort dem Commandeur melden, dieser aber denjenigen, der sich so ein ordnungswiedriges Betragen zu Schulden kommen lassen, so gleich in Arrest setzen, und Sr. Königl. Majestät oder dem commandirenden General davon Anzeige thun. Se. Königl. Majestät

werden einen solchen Officier, als einen der sich wieder Ordre setzt, nach Befinden der Umstände mit Vestungs-Arrest, auch wohl, nach Beschaffenheit des Vergehens, mit Cassation bestrafen.

8) Wenn bey der Bagage ein Knecht seinen Wagen verläßt, oder stehen lässt, so daß der Vorderwagen schon 50 Schritt von ihm abgekommen, und der seinige nicht folgt, ohne daß er darthun könne, daß etwas daran zerbrochen, oder zerissen, so bekommt er sogleich 50 Prügel. Hat er aber seinen Wagen beim Durchmarsch durch ein Dorf verlassen, um in ein Haus zu gehen, oder wohl gar zu plündern, so wird er arretirt, an Se. Königl. Majestät oder den commandirenden General gemeldet, alsdann er 16mal Spießruthen läuft, und auf drey Jahre nach der nächsten Vestung in die Karre geschickt wird.

9) Der Staabs-Officier, der bey der Bagage der Armee die Ober-Aufsicht hat, sorget dafür, daß diese Ordnung in allen Stücken auf das allerpünktlichste beobachtet werde, und bey jedem Contraventions-Fall , den er selbst entdeckt, hält er sich an den Auditeur, unter dessen Aufsicht der Contravenient stand, und meldet ihn an den Commandeur des Regiments, damit derselbe ihn seiner Nachläßigkeit wegen in Arrest setze.

Denjenigen Auditeur, welcher sich öfters dergleichen Nachläßigkeiten zu Schulden kommen lässt, wollen seine Königliche Majestät abgeschaft wissen, weil daraus zu schließen, daß er in seinen übrigen Dienstpflichten nicht minder nachläßig sein muß.

10) Es versteht sich von selbst, daß, wenn der Commandeur eines Regiment oder Bataillons, der eben auch darauf sehen muß, daß denen obigen

Articuln von dem bey der Colonne des Regiments oder Bataillons befindlichen Trosse, auf das alleraccurateste nachgelebet werde, auf dem Marsch Contraventions-Fälle entdeckt; er sich gleichfalls außer der Bestrafung des Schuldigen, annoch an den bey den Packpferden commandirten Unter-Officier halten, und ihn ohne Nachsicht in Arrest setzen muß. Der Commandeur des Regiments oder Bataillons aber, haftet selbst bey Sr. Königl. Majestät für jeden Contraventions-Fall, wovon der Thäter, er sey Unter-Officier, Trompeter, Gemeiner, Bedienter, Knecht, oder Weib, zu der Colonne des Regiments oder Bataillons, oder dem dabey befindlichen Troß gehöret. Die Commandeurs der Regimenter und Bataillons aber müssen öfters die Liste ihres beym Regiment oder Bataillon habenden Trosses nachsehen, selbigen zu verringern suchen, und von Zeit zu Zeit das Unnöthige abschaffen.

11) Bedienten derer Generals, Staabs-Officiere, Capitains, oder anderer Officiere, so entweder Jäger oder in Liverey sind, sie mögen zu Pferde oder zu Fuß seyn, müssen sich gleichfalls nicht ohne Erlaubniß des bey der Bagage commandirten Staabs-Officiers, und ohne einen von ihm unterschriebenen Schein, von der Colonne der Bagage, wo die Wagen ihrer Herren fahren, entfernen, und sich überall der dabey befohlnen Ordnung strikte unterworfen.

Bediente, so die Staabs-Officiere, Capitains, oder andere Officiere, es sey zu Pferde oder zu Fuß, auf dem Marsch bey sich haben wollen, gehören, wenn sie zu Pferde sind, bey den Handpferden, sind sie aber zu Fuß, welches selten der Fall seyn kann, bey den Packpferden.

12) Beym Fouragiren soll eben dieselbe Ordnung beobachtet werden, und wird es schlechterdings den bey den Fourageurs commandierten Officiers gefordert, daß sie ihre Leute auf dem Marsch bis an den Ort der Fouragirung zusammen halten, und nicht zugeben, dass irgend einer abwärts in ein Dorf gehe, sondern es muß auch hier alles, wie bey dem Marsch der Armee, in der Colonne bleiben, und gilt hier alles das, was oben gesagt worden. Es muß aber Niemand mitgelassen werden, der nicht würklich zur Fouragirung gehört, wofür die Commandeurs der Regimenter und Bataillons, Train-Befehlshaber, wie auch die Proviant- und andere Fuhrwesen-Train-Directores, responsable seyn sollen.

13) Beym Fouragiren auf dem Felde wird nach dem Reglement strenge darauf gesehen, daß jeder nur auf dem ihm angewiesenen Platz fouragiere, sich auch schlechterdings unter keinem Vorwande unterstehe, über die Chaine hinaus zu gehen.

14) Wenn in Dörfern fouragirt wird, so geschieht solches in Scheunen, Böden und Oertern, wo Futter liegt; in die Stuben der Landleute muß aber niemand gehen, auch überhaupt nichts als Fourage nehmen. Auf jede Plünderung stehen in jedem Fall oben benannte Strafen.

15) Entdeckt einer Bier, Brod, Mehl, Getreide, Fourage-Vorräthe, Gemüse, Schmalz, Butter, und dergleichen, so sagt er es dem Commissariat an, welches dem Regiment, von dem der Denunciant ist, einen gewissen Theil voraus giebt, und das andere repartirt.

16) Auch alles dieses wird beym Stroh, Wasser, und Holzholen, sorgfältig beobachtet, wovon unten ein Mehreres.

17) Alle diese obigen Artikel werden dem Troß eines jeden Regiments oder Bataillons beym Ausmarsch aus der Garnison durch den Auditeur des Regiments vorgelesen, und dieses den Ersten jedes Monats wiederholt, damit sich keiner mit der Unwissenheit entschuldigen könne.

Alle Artillerie- Ponton- Bäckerey- Mehlwagen, Lazareth- und überhaupt alle Fuhrwesen-Train-Knechte sind eben der Ordnung unterworfen, deshalb ihnen diese Artikel auch den Ersten jedes Monats vorgelesen werden müssen; die Batterie- und Train-Commandeurs sowohl, als die Proviant- und anderer Fuhrwesen-Train-Officiere, sollen auf deren Erfüllung aufs allerschärfste halten. Bey jedem Contraventions-Fall aber, den ein Staabs-Officier der Artillerie, oder ein Proviant-Fuhrwesen-Train-Director selbst entdeckt, halten sich selbige außer den obbenannten Strafen des Schuldigen, annoch an den resp. Commandeur der Batterie, oder Train-Officier der Fuhrwesen-Abtheilung, weil Se. Königl. Majestät hierinnen keine Entschuldigung annehmen, sondern sich schlechterdings an den commandirenden Staabs-Officier der Artillerie oder an den Fuhrwesen-Director, wo der Fall eintritt, halten wollen.

In Ansehung der Policey im Lager haben Seine Königliche Majestät Folgendes zu befehlen geruhet:

1) Von jedem Cavallerie-Regiment sollen 5 Unter-Officiers, 5 Carabiniers und 5 Gemeine, ein für allemal zu Sauvegardisten ernannt und namentlich an den Brigade-Major eingegeben werden. Wenn nun ein neues Lager bezogen werden soll, so lässt Tages zuvor der General-Quartiermeister durch den Brigade-Major der Cavallerie, der eine Rolle von diesen Leuten führt, so viel davon commandiren, als er den anderen Morgen nöthig zu haben glaubt.

2) Diese Leute versammeln sich mit den Fouriers, und Fourierschützen hinter der Avantgarde, und derjenige Officier, so sie commandirt, meldet sich beym General-Quartiermeister, oder bey dem, der dessen Dienste thut. Hier erhält sogleich ein jeder dieser Leute, einzeln, oder zu zwey, drey, einen Sauvegarde-Brief in welchem der Nahme des Dorfes enthalten ist, wohin die Sauvegarde kommt. Wenn mehr als 8 bis 10 Sauvegardisten commandirt werden, so kommt auch ein Officier dazu, der weiter nichts zu thun hat, als daß er diese Leute auf dem Marsch zusammen hält, und wenn die Avantgarde in die Gegend des neuen Lagers kömmt, so sieht er darauf, dass ein jeder nach dem ihm aßignirten Orte reitet. Sind weniger als 8 Mann, welches selten der Fall sein kann, so wird den Sauvegardisten ein guter Unter-Officier vorgesetzt, der alsdann das Nemliche zu beobachten hat.

Alle Dörfer rund ums Lager, und vorzüglich die hinter der Fronte, werden mit Sauvegarden besetzt, das Hauptquartier nicht ausgenommen.

3) So wie die Avantgarde in die Gegend des Lagers kommt, so besetzen die Sauvegardisten zuerst die aufgezeichneten Dörfer, so die Avantgarde paßirt und ihr rechts und links liegen, endlich aber auch die Dörfer, so in und vor der Chaine der Vorposten liegen. – Der Sauvegardist reitet gerade nach seinem Dorf, und begegnet er etwas vom Feinde, so zeigt er seinen gedruckten und vom commandirenden General unterschriebenen Sauvegarde-Brief vor, und man hoft, daß der Feind diese der Menschheit zum Besten getroffene Einrichtung respectiren, und keinem Sauvegardisten etwas anhaben wird.

4) Werden die Dörfer in der Chaine nachgehends durch Truppen besetzt, es sey an dem nemlichen oder dem folgenden Tage, so verlassen die Sauvegardisten das Dorf, alsdann es den Commandeurs der Bataillone und Escadronen obliegt, für alle Excesse und Plünderungen zu stehen. So auch mit dem Hauptquartier, das die Sauvegarde nicht eher verlassen muß, als bis die zur Besetzung des Dorfs bestimmte Infanterie eingerückt ist, und das Dorf besetzt hat.

5) Eine solche Sauvegarde kann aus einem Unter-Officier und 1, 2 bis 3 Mann bestehen, je nachdem die Dörfer groß oder klein sind.

6) Diese Sauvegardisten bleiben aber nicht in den Häusern, sondern patrouilliren beständig wechselsweise mit der Pistole in der Faust, und allenfalls zu Fuß im Dorf herum. Kommen einzelne Leute, Weiber, Knechte, so lassen sie solche sogleich arretiren, sind es aber Officiers-Bediente, so was kaufen wollen, und einen Schein ihres Herrn vorzeigen, so gestatten sie ihnen zwar die Freyheit, beobachten sie aber, und bey dem geringsten Exceß lassen sie solche gleichfalls durch die Bauern binden und nach das Hauptquartier transportiren. Es ist daher nothwendig, daß, so wie die Sauvegarde in ein Dorf, Städtchen, Hof etc. kommt, sie sich gleich bey der Obrigkeit des Orts meldet, ihren Sauvegarde-Brief vorzeigt, und zugleich diese Obrigkeit ersucht, allen Leuten des Dorfs aufzugeben, daß niemand seine Wohnung verlasse, jeder seine Hanthierungen nach wie vor treibe, so bald aber loses Gesindel ins Dorf fällt, solches sogleich der Sauvegarde angezeigt wird, alsdann sie mit Hülfe der Stadt- oder Dorf-Gemeinde dergleichen verlaufen Gesindel sogleich arretiren wird. Zugleich ist es der Sauvegarde ihre Pflicht, die Einwohner (wenn es in Feindes Land ist) möglichst zu ermuntern, daß sie Victualien nach dem Lager bringen; ja, wenn sie furchtsam sind, so kann allenfalls einer der Sauvergardisten diese Leute bis auf den nächsten Marktplatz am Lager begleiten.

7) Die Regimenter werden hieraus ersehen, daß diese Sauvegardisten äußerst zuverläßige, aber auch entschlossene Leute seyn müssen, die dabey bescheiden, und den Einwohnern Zutrauen einzuflößen im Stande sind.

Wenn sie ein Dorf verlassen, und daß solches besetzt worden, so erhalten sie von dem ältesten Officier, der in selbiges zu liegen kömmt, ein Attest über den Zustand, in welchem sie das Dorf verlassen haben, und ob die Einwohner mit ihnen zufrieden gewesen; wird das Dorf nicht besetzt, so lassen sie sich das Attest von dem Dorf- oder Stadt-Gericht geben, welches sie an den General-Quartiermeister nebst dem Sauve-Garde-Brief einzuhändigen haben. Zu den besetzten Dörfern werden nicht diejenigen gerechnet, in welchen sich Generals oder kranke Officiere einquartiren, sondern nur bloß solche, so mit wirklicher leichten oder schweren Infanterie oder Cavallerie besetzt worden. Dort wird alles von ihnen und von keinem andern gefordert, und ist keiner dieser einquartierten Officiere, wes Ranges er sey, befugt, einen Sauvegardisten in seiner Dienst-Verrichtung zu stören, oder ihn, bey härtester Ahndung, zu hindern, wenn er irgend jemand, der Excesse gemacht, arretiren lassen will.

8) Ein Sauvegardist in Sr. Königl. Majestät Ländern erhält, wenn er in Function ist, doppelt Tractament, in feindlichem Lande aber den Tag 4 Gr.; ist es aber ein Unter-Officier, 6 Gr. Zulage. Im ersten Fall bezahlt sie die General-Kriegs-Casse durchs Regiment nach der Liste, so deshalb vom Brigade-Major am Ende des Monats an die General-Kriegs-Casse geschickt wird; in Feindes Land bezahlt es das Dorf.

Diese Sauvegardisten müssen im Regiment alle übrige Dienste thun; besonders aber werden sie mit zu den Policey-Patrouillen gebraucht. Indeß muß die Hälfte dieser Leute sich jederzeit beym Regiment befinden, gegenseitig aber auch der Brigade-Major nie mehr als die Hälfte, der von jedem Regiment zur Sauvegarde bestimmten Leute auf einmal commandiren.

9) Die Commandeurs der Regimenter und Bataillons, wenn die Dörfer mit Truppen besetzt sind, sowohl als die Unterofficiere der Sauvegarden, wenn dies nicht der Fall ist, sollen angewiesen werden, was sie den Holz- Stroh- und Wasserholenden gestatten können oder nicht.

10) Der General-Quartiermeister wird gleich nach einer gemachten Detaille, jedem Regimente anweisen, in welchem Dorfe es nach Stroh, Holz, und Wasser schicken soll, damit nicht zu viel in ein Dorf gehen, auch beym Abstecken des Lagers jedem Regiments-Quartiermeister davon avertiren lassen, damit wenn die Regimenter einrücken, ein jedes gleich davon instruiret sey.

11) Von allen Regimentern, denen ein Dorf angewiesen ist, wird durch den Brigade-Major sogleich ein Staabs-Officier überhaupt commandirt, welcher ins Dorf hinein reitet, und mit der Gemeinde sich bespricht und der Sauvegarde anweiset, was zuerst genommen werden kann. Zu diesem Geschäft wird alle Tage ein anderer commandirt. In den Dörfern, die mit Truppen besetzt sind, ist dies nicht nöthig, und verrichtet der Commandeur das Geschäft selbst alle Tage.

12) Anfangs müssen selbst die Zäune geschont werden, und ist den ersten Tag nur das vorräthige Brennholz zu nehmen. Ist es in der Jahreszeit, wo kein Stroh in den Scheunen ist, so deutet der Staabs-Officier der Gemeinde an, die schlechtesten und baufälligsten Scheunen und Ställe aufzuzeichnen, damit sie von der Sauvegarde den nach Stroh commandirten Officiers angewiesen werden können.

13) Diese Officiere sorgen dafür, dass die angewiesenen Ställe und Scheunen ordentlich abgedeckt, soviel Stroh, als nöthig ist, genommen, aber nichts verwüstet werde. Wobey die Officiere ihre Leute zusammenhalten, und für alle Desordres responsable seyn müssen.

14) Jeder commandirte Staabs-Officier überliefert den andern Tag seinem Nachfolger, wie weit es in dem Dorfe gekommen, und in welchem Zustande dieser es finden muß.

15) Fehlet es den andern Tag an Kochholz, die Zäune schon weg sind, und kein naher Wald vorhanden ist, so wird den Bauern vom Staabs-Officier abermals angesagt, die ältesten und schlechtesten Gebäude zum Abbrechen bereit zu halten, und so auch ferner zum Lager-Stroh die schlechtesten Dächer.

16) Die zum Stroh- Holz- und Wasserholen commandirten Officiere, müssen schlechterdings nicht leiden, daß die Leute in die Häuser gehen, oder Vieh nehmen, auch allemal die strengste Mannszucht und Ordnung dabey halten, weil sie für jeden Unfug repondiren sollen, und Se. Königl. Majestät, den geringsten Contraventions-Fall auf das strengste ahnden werden, als wofür die Sauvegarde stehen muß.

17) Sobald das Hauptquartier bestimmt ist, so macht der Staabs-Fourier in demselben die Quartiere, nach einer von dem ersten General-Adjutanten unterschriebenen, und ihm übergebenen Liste.

18) Wenn das Hauptquartier, wie gewöhnlich, mit 1 oder 2 Bataillons besetzt ist, so müssen so wenig Quartiere, wie möglich, den Truppen weggenommen werden, und schlechterdings keiner cantoniren, der nicht auf der Liste des General-Adjutanten stehet. Für gefangene, kranke, und blessirte Officiere werden im Hauptquartier einige Häuser in Bereitschaft gehalten.

Wenn das Dorf des Hauptquartiers nicht groß genug ist, wird noch das nächste Dorf mit zur Hülfe genommen.

19) Das Lager selbst wird wie eine Stadt angesehen, in welcher es der wichtigste Gegenstand ist, sowohl die strengste Policey-Ordnung als auch den größten Ueberfluß an Lebensmitteln sorgfältig zu erhalten.

20) Kein Soldat oder Knecht darf ohne Paß bey harter Strafe einzeln aus einem Regiment in das andere gehen, und wenn Se. Königliche Majestät einen Soldaten oder Knecht in einem fremden Regiment finden, so wollen sich Allerhöchstdieselben dieserhalb an den Commandeur des Regiments halten.

21) Wenn ein Regiment marschirt, so hat es sich wenigstens mit Einem, ein Husaren- oder doppeltes Dragoner-Regiment aber mit Zwey guten Marketendern zu versehen, wollen sich Escadrons besondere Marketender anschaffen, so campiren sie hinter den Kochlöchern der Escadron. Doch müssen dergleichen kleinere Marketender bey 5 Escadrons höchstens zwey seyn, und die auch nicht mehr als einen kleinen Karren mit Ein, höchstens zwey Pferden bespannt haben.

Diese Marketender müssen aber nicht blos Delicatessen mit sich führen, sondern vielmehr Waaren, so zur Bedürfniß des Lebens gereichen, als Erbsen, Linsen, Grütze, Graupen, Salz, Butter, Käse, Brandtewein, Speck, Toback und dergleichen. Für diese Leute muß sowohl in Ansehung ihrer Sicherheit, als in Betracht, der möglichsten Bequemlichkeiten ihres Handels gesorgt werden.

Wenn aber das Regiment im Lager stehet, können sie ein Zelt seitwärts der Brandwacht aufschlagen, oder sich alldort eine Hütte bauen.

Auf dem Marsch bleiben sie bey der Bagage und es ist ihren Wagen erlaubt, hinter denen Brodwagen des Bataillons zu fahren.

Den Soldaten-Weibern ist das Marketendern zwar erlaubt, und kann eine solche Frau, Speck, Butter, Bier, Brandwein, Käse etc. verkaufen, nur muß sich bey Spießruthen-Strafe kein Soldat unterstehen, solche Marketender-Waaren aufs Dienstpferd zu nehmen

Der General-Auditeur soll das Maas und Gewicht auch die Taxe von Bier und Fleisch reguliren, und dafür verantwortlich seyn, dass solche Taxe nach Billigkeit gemacht werde, damit einer Seits die Marketender dabey bestehen, anderer Seits aber der Soldat nicht leide, und zu klagen Ursach habe.

Von jedem Marketender der Armee erhält der General-Auditeur monatlich 16 Groschen.

Auf andere Leute, die Lebensmittel ins Lager oder zur Armee bringen, muß man zwar ein wachsames Auge richten, und solche gehörig examiniren, damit unter diesem Vorwand sich kein Spion einschleiche; indessen müssen sie allemal gut behandelt, und nie geplündert, bestohlen, oder betrogen werden.

Es muß darauf gesehen werden, daß die Marketender keine lüderliche Weibsbilder halten, wodurch sich Krankheiten in der Armee einschleichen können.

Die großen Marketender campiren zwischen dem Regiment und der Brandwacht.

22) So wie der General-Auditeur die Taxe bestimmt, nach welcher die Marketender die Victualien verkaufen können, so ist es hernach des Auditeurs von jedem Regiment seine Sache, dafür zu sorgen, daß solche nicht überschritten, auch Maaß und Gewicht richtig gehalten werde.

23) Die Chaine der Infanterie- und Cavallerie-Posten, vor dem ersten Treffen, auf den Flanken, und hinter dem zweyten Treffen oder der Reserve, sind als eine Mauer anzusehen, die das Lager umschließt, und darf schlechterdings keiner, er sey Bothe, Knecht, Bediente, oder wer er wolle, durchgelassen werden. Er wird von hier nach der nächsten Thorwacht gewiesen, wo er sich durch einen Paß zu legitimiren hat.

24) Es sollen nach Verhältniß der Größe des Lagers, Stellen in der Chaine bestimmt werden, welche als Thore anzusehen sind, und deren es vorne etwa 2, 3, bis 4, und hinten eben so viel geben kann, und wo nur allein der Aus- und Eingang im Lager erlaubt ist.

25) Diese Thore werden vorne allemal bey einer Feldwacht, und hinten, wenn kein zweytes Treffen ist, bey einer Brandwacht, auch wo möglich an einer Landstraße, oder Hauptwege angelegt.

26) Die Regimenter des Vordertreffens, werden von dem Brigade-Major dergestalt eingetheilt, daß immer eine gewissen Anzahl Regimenter, einem der Vorder-thore zugetheilt sind, und zur Besatzung der Thor-wacht concurriren, auch wird aus diesen Regimentern alle Tage ein Staabs-Officier zur Untersuchung der verdächtigen Ein- und Auspaßirenden, nebst dem Auditeur des Regiments commandirt. Ein gleiches geschiehet bey dem zweyten Treffen in Ansehung der Hinterthore.

27) Die Feld- oder Brandwacht, wo ein Thor angelegt ist, wird durch einen Capitain, 2 Unter-Officiere, und 40 Mann von der Infanterie verstärkt, der aus den concurrirenden Regimentern täglich mit seiner

Mannschaft von einem Regiment nach dem andern commandirt wird.

28) Der Capitain von der Thorwacht giebt von seinen 40 Mann, die mit zur Feld- oder Brandwacht stoßen, weiter keine Schildwacht, als 2 vors Gewehr, damit er beständig Leute genug zum Verschicken habe. Es vestehet sich von selbst, dass die ganze combinirte Wacht, übrigens unter seinem Befehl steht.

29) Ein jeder, so durch die Chaine will, wird angehalten und von Feldwacht zu Feldwacht bis an das nächste Thor gewiesen.

30) Alle Wege, die zum Lager führen und nicht durch ein Thor gehen, werden an der Chaine vermöge einer Stange gesperrt.

31) Jedermann, der zu einem Thore herein will, und einen gestempelten Zettel von der Deputation des Ober-Krieges-Collegii, oder von demjenigen Staabs-Officier aus der Adjudantur, den der commandirende General dazu ernannt hat, vorzeigt, paßirt ohne Anstand. Jeden andern examinirt der wachthabende Capitain. Ist er aus der Armee und kann in Beantwortung der ihm geschehenen Fragen bestehen, so lässt ihn der Capitain paßiren. Ist es aber ein Fremder, der Geschäfte vorgiebt, so schickt ihn der Capitain mit einem Mann von der Wacht, zu dem, bey welchem er Geschäfte zu haben vorgiebt, der ihm einen Schein zurückschicken muß, daß es seine Richtigkeit habe.

32) Hat der fremde Einpaßirende gar keine Bekanntschaft, und kann sich durch nichts legitimiren, so schickt ihn der Capitain mit einem Mann von der Wacht an den Staabs-Officier, der für das Thor die Untersuchung der verdächtigen Leute hat;

dieser prüft den ihm zugeschickten Menschen mit Hülfe des Auditeurs auf das sorgfältigste. Findet er nichts Verdächtiges an ihm, und er hat weiter keine nothwendige Geschäfte im Lager, so schickt er ihn durch den Mann von der Wacht dem Capitain wieder zurück, der ihn zum Thore hinaus laufen läßt.

Ist der Mensch aber verdächtig, so übersendet ihn der Staabs-Officier an die Deputation des Ober-Kriegs-Collegii oder an den hierzu ernannten Staabs-Officier, welche das Weitere verfügen werden. Läßt auch zugleich den wachthabenden Capitain avertiren, daß solches geschehen.

33) Will ein solcher wieder auspaßiren, so muß er oben erwähnten gestempelten Zettel produciren können, sonst wird er arretirt.

34) Der Capitain nimmt alle ihm von Ein- und Auspaßirten vorgezeigte gestempelte Zettel, auf welchen nicht besonders bemerkt ist, daß die permanent sind, sogleich ab, sammelt und übergiebt sie, wenn er von der Wacht abkömmt, der Deputation des Ober-Krieges-Collegii, oder demjenigen Staabs-Officier, der sie ertheilt hat.

35) Jeder Auspaßirende aber muß einen Schein von einem Bekannten mitbringen, daß er ohne Risico paßiren kann.

36) Den Hinterthoren gegen über werden zwischen beyden Treffen eben so viel große Marktplätze angelegt, als Thore sind.

37) Die Marktplätze werden durch Veranstaltung des Commissariats in Figur eines hinlänglich großen Vierecks von einer großen Parkleine umzogen.

38) Das Commissariat sorget für die Zufuhr der für die Armee nöthigen Vivres. Es sey aus Sr. Königl. Maj. Lande, durch Veranstaltung der Minister, oder aus des Feindes Land im Rücken der Armee.

39) Der Capitain von der Thorwacht, wo die Landleute und Kaufleute mit Vivres und anderen Bedürfnissen einpaßiren, läßt die Wagen durch Leute von der Wacht nach dem Marktplatz hinbegleiten, der nur einen Eingang und einen Ausgang haben muß.

40) Die Marktplätze selbst werden täglich durch eine Wacht von 1 Subaltern- 2 Unterofficier, 1 Trompeter, 30 Gemeine besetzt. Der Posten dieser Wacht aber folgendergestalt ausgesetzt. An jeder Ecke eine, zwey am Eingange, wo die Wache selbst sich befindet, und zwey am Ausgange.

41) Alle Tage wird auf jeden Marktplatz ein Auditeur commandirt. Dieser hat die Aufsicht, und weiset den Wagen, so wie sie ankommen, die Plätze an, wo sie auffahren sollen. Solches muß allemal so geschehen, daß die Pferdeköpfe auf allen Seiten des Marktplatzes gegen die Parkleine, die Wagen selbst aber gegen das Innere des Platzes gekehrt sind, so, daß in der Mitte ein großer viereckigter Raum leer bleibe, zwischen den Pferdeköpfen und der Parkleine aber so viel Platz sey, daß ein Wagen herumfahren könne. So bleiben die Wagen halten bis die Waare verkauft ist, alsdann werden sie durch Soldaten von der Wacht zum Ausgang des Marktplatzes hinaus nach dem Thore hinbegleitet, wo sie herein gekommen, alsdann sie dem Capitain von der Thorwacht wieder überliefert werden, damit keiner im Lager bleibe, oder kein Spion sich hierbey mit hineinschleichen könne.

42) Der commandirte Auditeur besorgt die Policey und Ordnung auf dem Marktplatze, und kann sich von der Marktwache so viel Mannschaften als er will, ausbitten, um solche zu erhalten.

43) Der General-Policey-Director hat die Ober-Aufsicht über alle Marktplätze der Armee, und revidirt selbige täglich. Ihm liegt ob, die commandirten Auditeurs anzuweisen, Unordnungen abzustellen, und bey vorfallenden Excessen, die Thäter, sogleich arretiren zu lassen. Auch die commandierten Auditeurs lassen jeden Stöhrer der Ordnung sogleich arretiren, und melden ihn an die Behörde.

44) Der General-Auditeur bestimmt nach Pflicht und Gewissen, und nach der größten Billigkeit, mit Zuziehung des Commissariats die Marktpreise; es wäre denn, daß die Vivres von den Ministern, auf Königliche Rechnung im Lande aufgekauft worden, sonst die Preise allerdings schon bestimmt sind, und nicht verändert werden können.

45) In allen Fällen muß der General-Auditeur die Preise für die Marketender so einrichten, daß sie nach Verhältniß der Marktpreise noch etwas profitiren und bestehen können. Auf Richtigkeit des Maaßes und Gewichts muß aber mit strenger Rigueur gesehen werden.

46) Den Leuten, so auf den Marktplätzen etwas zum Verkauf führen, muß in allen Stücken gut begegnet, und wenn es Landleute aus des Feindes Lande sind, schlechterdings nicht gestattet werden, daß man sie anders behandele, als unsere eigene Unterthanen.

47) Vor dem Lager muß keine Aufkäuferey gestattet werden. Es darf also vor der Chaine, Niemand an einen Wagen heran gehen, sondern es muß alles auf dem Markt gekauft werden. Wenn indessen ein Regiment in einer Stadt, für seine Leute Bier, Victualien, Ochsen etc. gekauft hat, so kann es solche frey einbringen, muß aber schlechterdings zum Thore hinein, und der Wagen von einem Unter-Officier des Regiments, der mit einem Schein des Commandeurs versehen ist, begleitet seyn.

48) Fußgänger mit Lebensmitteln, Früchten, Brod, Coffee, Wildprett, Galanterie- und Fabriquenwaaren, dürfen nicht im Lager herum gehen, damit kein Spion unter diesem Prätext die Feyheit habe, alles zu beobachten, die Truppen nachzuzählen, und ihre Verfassung, oder Vorbereitungen zum Aufbruch auszuspähen, sondern dergleichen Leute müssen gleich nach den Markt verwiesen werden, wenn es Ausländer sind, oder wenn sie aus unsern Landen sind, nach dem Hauptquartier hingelassen, und dort auf der Liste des General-Policey-Directors notirt werden. Jedoch soll es den großen Marketendern oder Kaufleuten, so sich im Hauptquartier aufhalten, erlaubt seyn, ihre Leute zum Austragen und Verkaufen ihrer Waaren, im Lager herum zu schicken. Diese Leute müssen aber schlechterdings mit Päßen von der Deputation des Ober-Krieges-Collegii, oder dem hiezu gesetzten Staabs-Officier versehen seyn.

49) Wenn Dörfer in der Armee liegen, so muß kein Bauer ohne Zettel des darin commandirenden Officiers hinaus oder herein gelassen werden, und muß der Officier bey Austheilung dergleichen Zettel sehr vorsichtig zu Werke gehen.

50) Wenn ein Dorf an der Chaine liegt, besetzt ist, und ein Weg durchgehet, so wird am Ende desselben ein Thor etablirt, und daselbst alles beobachtet, was oben gesagt ist.

51) Allen diesen Precautions ohngeachtet kann es sich doch zutragen, daß verdächtige Leute, und Spions, sich in das Lager hineinschleichen, deswegen muß der General-Policey-Director täglich alle Theile des Lagers, besonders aber des Hauptquartiers, fleißg revidiren, in welchem gemeinhin ein Zusammenfluß von Menschen allerley Gattung sich aufzuhalten pfleget. Alles Verdächtige muß er sofort aufgreifen lassen, genau abhören, und wenn auch gleich kein Beweiß von böser Absicht vorhanden, dennoch jeden unnöthigen Menschen, der seine Nutz- und Brauchbarkeit nicht hinlänglich darthun kann, ohne Anstand unter Begleitung zum Thore hinausschicken.

52) Von alle dem, was sich im Hauptquartier zu gemeinen Nutzen aufhält, führt der General-Policey-Director eine accurate Liste mit den Rubriquen: Namen, Stand, Wohnort, Gewerbe in der Armee etc.

53) So führen auch alle Regimenter- Bataillons-Batterie-Commandeurs, Directors und Train-Officiers des Mehlfuhrwesens eine dergleichen Liste von den Leuten, die sich bey ihnen aufhalten, sie seyn, wer sie wollen, und übergeben sie dem General-Policey-Director; zeigen es ihm auch so fort an, wenn einer von diesen Leuten abgehet, oder einer dazu kömmt, damit er auf die Haupt Liste des General-Policey-Directors hinzugeschrieben oder gestrichen werden könne.

54) Eine gleiche Anzeige müssen die Adjutanten der Generals von den Leuten, die sich in der Suite ihrer Generals aufhalten, an den General-Policey-Director machen.

55) Von allen diesen Listen formirt der General-Policey-Director eine Hauptliste, die immerfort fleißig nachgetragen, und äußerst accurat geführt werden muß. Abschrift dieser Liste übergiebt er alle 14 Tage an die Deputation des Ober-Krieges-Collegii, oder an denjenigen Staabs-Officier der Adjudantur, dem der commandirende General die Ober-Aufsicht der Ordnung bey der Armee übertragen wird.

56) Die Beobachtung und Festhaltung aller dieser Punkte empfehlen Se. Königl. Majestät allen Ober- und Unter-Officiers, Soldaten, und Knechten der Armee, und allen und jeden, die sich dabey aufhalten, auf das ernstlichste, und wollen Allerhöchstdieselben die darinnen angeordnete innere Policey der Ober-Aufsicht der Deputation des Ober-Krieges-Collegii bey Dero Armee, bey den andern Armeen aber, einem Staabs-Officier von Dero Adjudantur besonders übergeben, mit dem so gnädigen als ausdrücklichen Auftrage, Allerhöchsdenenselben jeden erheblichen Contraventions-Fall ohne Anstand anzuzeigen, damit der Uebertreter zum Beyspiel anderer exemplarisch bestraft werde.

Berlin den 12ten Martii 1790

Friederich Wilhelm

(L.S.)

v.Möllendorf   v.Rohdich

36

54) Eine gleiche Anzeige müssen die Adjutanten der Generals von den Leuten, die sich in der Suite
ihrer Generals aufhalten, an den General-Policey-
Director machen.

55) Von allen diesen Listen formirt der General-Policey-Director eine Hauptliste, die immerfort
fleißig nachgetragen, und äußerst accurat geführt
werden muß. Abschrift dieser Liste übergiebt er alle
14 Tage an die Deputation des Ober-Krieges-Collegii, oder an denjenigen Staabs-Officier der Adjudantur, dem der commandirende General die Ober-Aufsicht der Ordnung bey der Armee übertragen wird.

56) Die Beobachtung und Festhaltung aller
dieser Punkte empfehlen Se. Königl. Majestät allen
Ober- und Unter-Officiers, Soldaten, und Knechten der Armee, und allen und jeden, die sich dabey
aufhalten, auf das ernstlichste, und wollen Allerhöchstdieselben die darinnen angeordnete innere Policey der Ober-Aufsicht der Deputation des Ober-
Krieges-Collegii bey Dero Armee, bey den andern
Armeen aber, einem Staabs-Officier von Dero Adjudantur besonders übergeben, mit dem so gnädigen
als ausdrücklichen Auftrage, Allerhöchstdenenselben
jeden erheblichen Contraventions-Fall ohne Anstand
anzuzeigen, damit der Uebertreter zum Beyspiel anderer exemplarisch bestraft werde.

Berlin den 12ten Martii 1790.

Friederich Wilhelm.

(L. S.)

v. Möllendorf.　　v. Roßdich.

Faksimile der letzten Seite

<u>An Reglements, Instruktionen und Verordnungen sind bisher erschienen:</u>

Das churfürstliche Werbemandat vom 21sten April 1792
(Heft 4 der Reihe Beiträge zur sächsischen Militärgeschichte zwischen 1793 und 1813)

Allgemeine Dienstregeln für die Unterofficiers der Churfürstlich Sächsischen Infanterie vom Jahre 1802
(Heft 11 der Reihe Beiträge zur sächsischen Militärgeschichte zwischen 1793 und 1813)

Unterricht für die Scharfschützen bey der Churfürstlich Sächsischen Infanterie vom Jahre 1804
(Heft 17 der Reihe Beiträge zur sächsischen Militärgeschichte zwischen 1793 und 1813)

Reglement für die Königlich Sächsische leichte Infanterie zu den Uebungen außer der geschlossenen Ordnung vom Jahre 1810
(Heft 18 der Reihe Beiträge zur sächsischen Militärgeschichte zwischen 1793 und 1813)

———

<u>Für weitere Informationen:</u>

<u>www.oberst-lieutenants-compagnie.de</u>